MARANATA

tópicos sobre meditação cristã

Décio Martins de Medeiros

São Paulo – Brasil – 2021

Maranata

Informações bibliográficas:

Autor: Décio Martins de Medeiros.

Título: Maranata.

Subtítulo: tópicos sobre meditação cristã.

Local, Ano: São Paulo-Brasil, 2021.

Páginas: 67 páginas tamanho 6"x9".
Assuntos: 1.Meditação Cristã

Sumário

A expressão Maranata aparece na Bíblia Cristã em 1Coríntios 16,22.

Em busca da origem da expressão Maranata encontramos que a palavra aramaica "Marãn" quer dizer "Nosso Senhor virá".

A palavra aramaica "Athá" depois de Marãn significa "Cristo, está aqui e retornará".

Esta expressão se for lida como 'Maran-ata' significa 'nosso Senhor veio' ou 'nosso Senhor está vindo'.

Esta expressão Maranata, se for lida como 'Marana-ta" então significa **vem, nosso Senhor**, que lembra o chamado 'Vem, Senhor Jesus', que aparece em Apocalipse 22,20.

A palavra Maranata é uma palavra-oração utilizada como mantra pelos membros da Comunidade Mundial de Meditação Cristã. [1]

---

[1] O site da Comunidade Mundial de Meditação Cristã no Brasil é https://www.wccm.com.br/

A fé cristã

Cristo é o Divino Filho encarnado. Cristo tem uma mãe humana e um pai divino. Cristo é a perfeita união da humanidade com a divindade.

Podemos nos relacionar com Cristo nas duas dimensões, sendo discípulos de Cristo, nosso mestre humano e com o Cristo interior, pois somos templos de seu Divino Espírito. [2]

Cristo é nosso Mestre e Senhor.[3]

C.S. Lewis disse: *"Estou tentando impedir que alguém repita a rematada tolice dita por*

---

[2] 1Coríntios 6,19

[3] João 13,13

muitos a Seu respeito: 'Estou disposto a aceitar Jesus como um grande mestre da moral, mas não aceito a sua afirmação de ser Deus'. Essa é a única coisa que não devemos dizer. Um homem que fosse somente um homem e dissesse as coisas que Jesus disse não seria um grande mestre da moral. Seria um lunático – no mesmo grau de alguém que pretendesse ser um ovo cozido – ou então o diabo em pessoa. Faça a sua escolha. Ou esse homem era, e é, o Filho de Deus, ou não passa de um louco ou coisa pior. Você pode querer calá-lo por ser um louco, pode cuspir nele e matá-lo como a um demônio; ou pode ajoelhar-se a seus pés e chamá-lo de Senhor e Deus. Mas que ninguém venha, com paternal condescendência, dizer que Ele não passava de um grande mestre humano. Ele não nos deixou essa opção, e não quis deixá-la". [4]

---

[4] paginas 69 e 70 do livro Cristianismo Puro e Simples, editado pela Martins Fontes, SP,2005

E as outras crenças?

Sobre a questão de seguir a verdade de outras religiões ou seguir Jesus Cristo, Simone Weil disse : *"Cristo gosta que a gente prefira a verdade à ele porque, sendo Cristo, ele é a verdade. Se alguém o deixa, para ir atrás da verdade, esta pessoa não irá muito longe antes de cair em seus braços."* [5]

---

[5] página 27 do livro Waiting for God, de Simone Weil.

Uma tradição cristã

O apóstolo Paulo recomendava orar regularmente.[6] Posteriormente, João Cassiano, nascido por volta do ano 360, repensou, experimentou e sistematizou em suas "Conferências'" os ensinamentos recebidos dos primeiros monges cristãos, os "Padres do Deserto".

João Cassiano na Conferência 9 intitulada Primeira Conferência do Abade Isaac, no capítulo 25 fala da natureza de uma oração mais sublime que o Pai Nosso:

"Embora esta oração [do Pai Nosso] pareça conter toda a plenitude da perfeição, pois foi originada pelo Senhor, existe uma oração que os leva a um estágio mais elevado, uma

---

[6] 1Tessalonicenses 5,17

oração ardente experimentada por poucos. Esta oração transcende todos os pensamentos humanos, e não se distingue, por qualquer som da voz, por nenhum movimento da língua, ou expressão de palavras. A mente iluminada pela infusão da luz celestial não se descreve pela linguagem humana, mas flui ricamente como de uma fonte abundante em uma acumulação de pensamentos, e inefavelmente profere a Deus, expressando-se no menor espaço de tempo possível coisas tão grandes que a mente, quando retorna à sua condição normal, não consegue exprimir". [7]

Os capítulos 35 e 36 nos trás os seguintes ensinamentos sobre como praticar a oração silenciosa: Voltarmos para nosso coração, fecharmos a porta e orarmos a nosso Pai que está no Céu. Afastar completamente nosso coração do tumulto e do ruído dos pensamentos e preocupações. Em intimidade

---

[7] The Conferences of John Cassian, Christian Classics Ehtereal Library https://www.ccel.org/ccel/cassian/conferences.html

secreta manifestar ao Senhor a nossa oração silenciosa. Com o coração aberto a Deus, mas fechado ao mundo exterior, com os lábios cerrados e em profundo silêncio, suplicamos ao Senhor, que perscruta os corações. Apenas com o coração e a alma atenta apresentamos somente a Deus as nossas súplicas. Observar o mais profundo silêncio. Nossa oração deve ser frequente.

Os monges beneditinos John Main e Laurence Freeman propagaram mundialmente esta tradição monástica de oração silenciosa chamada Meditação Cristã.

A "fórmula" apresentada por John Main[8] é: "... a oração não é uma questão de conversar com Deus, mas de ouvi-Lo, ou estar com Ele.

---

[8] Word into Silence, John Main, Londres: Darton,Longman and Todd,1980, pp.10-1.

...se quisermos orar e ouvir, devemos ficar quietos e tranquilos, recitando um versículo curto inúmeras vezes.

Sente-se confortavelmente e relaxe. Certifique-se de que está sentado ereto. Respire calma e harmoniosamente. Feche os olhos e, então, em sua mente e em seu coração, comece a repetir a palavra que você escolheu como sua palavra de meditação. Algumas dessas palavras foram usadas como mantras para a meditação cristã pela Igreja primitiva. Uma delas é a palavra maranata. Este é o mantra que recomendo à maioria dos principiantes, a frase aramaica maranatha, que significa 'Vem, Senhor. Vem, Senhor Jesus.' "

Contemplação

A contemplação é o esquecimento de si próprio, permanecendo num estado de completo vazio intelectual, aberto e exposto ao amor de Deus.

Uma analogia é o banho de sol. Não fazemos nenhum esforço, não colocamos nenhuma resistência à luz do sol. Apenas nos expomos ao sol.

Na meditação cristã não fazemos nenhum esforço, esquecemos de nós, não colocamos nenhuma resistência, apenas nos expomos ao Espírito Santo. Que ele venha e preencha nosso coração, nosso núcleo, nosso interior.

Maranata <vem, Senhor>, nós somos templo do Espírito Santo. [9]

Segundo esclarece o Catecismo da Igreja Católica (CIC):

'A tradição cristã compreende três tipos: a oração vocal, a meditação e a contemplação.' [10]

Não se deve confundir a meditação sobre um tema com a oração silenciosa, a oração centrante, que aqui chamamos de meditação cristã.

A meditação sobre um tema usa o pensamento, a imaginação, a emoção, o

---

[9] 1Coríntios 6,19

[10] CIC 2721

desejo e confronta o tema considerado com a realidade da nossa vida. [11]

A contemplação, a oração silenciosa, a oração centrante é a expressão simples do mistério da oração. É um amor silencioso. [12]

'A escolha do tempo e duração da contemplação depende duma vontade determinada, reveladora dos segredos do coração. Não se faz contemplação quando se tem tempo; ao invés, arranja-se tempo para estar com o Senhor, com a firme determinação de não Lho retirar durante o caminho, sejam quais forem as provações e a aridez do encontro. Não se pode meditar sempre; mas pode-se entrar sempre em contemplação, independentemente das condições de saúde,

---

[11] CIC 2723

[12] CIC 2724

trabalho ou afetividade. O coração é o lugar da busca e do encontro, na pobreza e na fé.' 13

'A contemplação é a oração do filho de Deus, do pecador perdoado que consente em acolher o amor com que é amado e ao qual quer corresponder amando ainda mais. Mas ele sabe que o seu amor de correspondência é o que o Espírito Santo derrama no seu coração, porque tudo é graça da parte de Deus. A contemplação é a entrega humilde e pobre à vontade amorosa do Pai, em união cada vez mais profunda com o seu Filho muito amado.' 14

'Assim, a contemplação é a expressão mais simples do mistério da oração. É um dom,

---

13 CIC 2710

14 CIC 2712

uma graça; só pode ser acolhida na humildade e na pobreza. É uma relação de aliança estabelecida por Deus no fundo do nosso ser. A contemplação é comunhão: nela, a Santíssima Trindade conforma o homem, imagem de Deus, «à sua semelhança».' [15]

'A contemplação é, também, por excelência, o tempo forte da oração. Nela, o Pai enche-nos de força, pelo Espírito Santo, para que se fortaleça em nós o homem interior, Cristo habite nos nossos corações pela fé e nós sejamos radicados e alicerçados no amor.' [16]

'A contemplação é silêncio, este «símbolo do mundo que há de vir» ou «linguagem calada do amor». Na contemplação, as palavras não são discursos, mas acendalhas

---

[15] CIC 2713

[16] CIC 2714

que alimentam o fogo do amor. É neste silêncio, insuportável para o homem «exterior», que o Pai nos diz o seu Verbo encarnado, sofredor, morto e ressuscitado e que o Espírito filial nos faz participar da oração de Jesus.' [17]

---

[17] CIC 2717

Coração-núcleo-centro

Como diz a música religiosa: *"Abre bem as portas do teu coração e deixa a luz do céu entrar."*

No contexto de assuntos de espiritualidade quando usamos a palavra 'coração' não estamos nos referindo ao órgão de circulação sanguínea, que em inglês é 'heart'. Em espiritualidade quando usamos a palavra 'coração' estamos nos referindo ao núcleo, ao mais íntimo, da pessoa. Em inglês, para o coração como núcleo, se usa a palavra 'core'.

Uma pessoa humana é um ser corporal e também espiritual. A pessoa humana é uma pessoa espiritual porque seu corpo é animado por um principio de vida espiritual chamado alma. O corpo humano (material) unido à alma humana (espiritual) formam uma só natureza humana. A alma é criada por Deus no exato momento da concepção humana. A Pessoa Integral (corpo e alma) surge no momento da concepção pelos pais biológicos.

O ser humano individual é uma unidade substancial com várias dimensões: emocional; psíquica; histórica; social; cósmica; material; etc. O que acontece com o ser humano individual impacta todas as suas dimensões.

O ser humano só existe em sua integralidade, isto é, um elemento sem os demais não representa o ser humano integral.

Todo nosso ser, nosso intelecto, nossa vontade, nossas emoções, nossa intuição, são todos envolvidos em nosso conhecimento de Deus. Deus não se relaciona com o ser humano em termos fragmentados mas a pessoa inteira do ser humano é importante para Deus.

Os componentes do ser humano segundo Witness Lee [18] são três: corpo + alma + espírito.

As três partes da alma são: mente + vontade + emoção.

As três partes do espírito são consciência + intuição + companheirismo.

As quatro partes do coração são as três partes da alma + consciência.

A Bíblia vê a pessoa numa perspectiva holística embora em certas citações utilize outros elementos para representar a pessoa. Ora usa o termo alma para se referir à pessoa inteira, ora reforça o aspecto material (corpo) e/ou o aspecto imaterial (alma ou espírito); ora outros aspectos (coração; força; mente; inteligência; etc.).

____

[18] A Economia de Deus, Witness Lee

Para a meditação o corpo e a mente precisam estar completamente relaxados, para que o espírito possa estar completamente aberto e receptivo ao Divino Espírito. Frei Angelino, em sua oração antes da meditação cristã, pede que o Espirito Santo de Deus relaxe o corpo, acalme a mente, e tranquilize o coração.

Segundo Bede Griffiths [19] , o mantra tem por função recompor a alma, trazê-la de volta ao seu centro, e reunir a totalidade da pessoa (corpo, alma e espírito) com o Divino Espírito.

O espírito humano é o ponto da transcendência do si mesmo. Neste ponto, corpo e alma vão além de suas limitações humanas, abrindo-se para o infinito, o eterno, o divino.

---

[19] "A função do mantra" , palestra de Bede Griffiths.

A meditação é a passagem além do corpo e da alma, para aquele ponto do espírito.

A meta da meditação é a de centrar o corpo e a alma nas profundezas do espírito, onde o espírito humano encontra o Divino Espírito.

É interessante que a palavra "espírito" é por vezes utilizada no Novo Testamento para o humano, e outras vezes para o divino: porque é o ponto de encontro.

O espírito é o ponto refinado da alma. Trata-se do ponto da transcendência de si, de onde vamos para além de nós mesmos, e recebemos o Divino Espírito em nossos corações, ou seja, para o centro de nosso ser. A repetição do mantra é uma simples maneira de mantermos todas as faculdades da alma e corpo centradas nesse ponto do espírito.

Para o cristão, o ponto do espírito é o ponto em que o amor de Deus inunda o coração através do Espírito Santo.

Segundo explica Laurence Freeman [20] a visão de John Main é que o propósito primordial do silêncio da meditação é permitir que encontremos nosso próprio espírito. À medida que nos tornamos mais silenciosos, tornamo-nos também mais conscientes do que é o espírito, pois despertamos mais conscientemente para a dimensão do nosso ser.

Compreendemos que o espírito se encerra numa dimensão que difere tanto da mente quanto do corpo, que o espírito não se encontra bem dentro do corpo, como um fantasma em uma máquina, nem exatamente na mente; embora se situe acima do espaço, é

---

[20] "A luz que vem de dentro" de Laurence Freeman.

mais como um ponto misterioso em que corpo e mente se unem e se transcendem em sua atividade ou processo.

À medida que avançamos na viagem da meditação, percebemos, com o tempo, que não podemos fazer e estabelecer oposições definitivas entre estas três dimensões (corpo, mente e espírito), pois, através da descoberta do espírito, nos tornamos mais enraizados, mais reais nas outras duas dimensões também. Assim, a função da meditação é aprender a ser.

A função do silêncio da meditação é permitir que a consciência viaje naturalmente até o seu exato ponto de partida. Este ponto é o centro do nosso ser, onde nos achamos próximos de Deus, onde entramos em harmonia conosco mesmos e com o Divino Espírito.

Silêncio e Solidão

Henri J. M. Nowen nos ensina[21] que a vida espiritual é um dom do Espírito Santo. Mas isso não quer dizer que fiquemos esperando passivamente até que o dom seja oferecido.

Nos vemos cercados de tantos ruídos interiores e exteriores que é difícil ouvir a Deus.

A verdadeira oração é sermos todo ouvidos para Deus. O centro da oração é a escuta, é colocar-se na presença de Deus.

Sem silêncio, sem solidão, é impossível levar uma vida espiritual. O silêncio, a solidão,

---

[21]Renovando Todas as Coisas, de Henri J. M. Nowen.

começa quando há um tempo e um espaço para Deus, e só para Ele.

Cristo disse: *"Você, quando orar, vá para seu quarto, feche a porta e ore a seu Pai, que está em secreto".* [22]

Devemos começar por planejar um pouco de silêncio, de solidão, alguns minutos por dia, para darmos atenção à voz de Deus em nós.

À medida que nos esvaziamos das nossas preocupações, descobrimos com a nossa mente e com o nosso coração, que nunca estivemos a sós, que o Divino Espírito está conosco o tempo todo.

---

[22] Mateus 6,6

Aos poucos aprendemos a ouvir a voz suave de Deus.

Mas e as inúmeras distrações? Não devemos combater essas distrações, não devemos prestar atenção a elas. Devemos deixá-las passar. Quando percebemos que nos distraímos, voltemos ao mantra. O mantra Maranata nos ajuda a focalizar a nossa atenção na presença de Deus. O mantra Maranata serve como o ponto de retorno sempre que nos desviamos.

Reservando tempo e espaço para Deus, os nossos corações se tornam iguais a celas silenciosas onde o Divino Espírito possa habitar.

Henri Nouwen ensina [23] que:

"A solidão é, assim, um espaço de purificação e transformação, da grande batalha e do grande encontro. Ela não é simplesmente um meio para um fim, é um fim em si, o espaço onde Cristo nos remodela à sua imagem e nos liberta das compulsões vitimadoras do mundo, é o espaço da nossa salvação.

O silêncio complementa e intensifica a solidão. O silêncio é o meio de tornar a solidão uma realidade. O silêncio é uma disciplina indispensável à vida espiritual. O silêncio é a solidão praticada na ação.

O silêncio nos faz peregrinos. A peregrinação significa que o homem deve controlar sua língua. ... falar nos envolve nos assuntos mundanos, e é muito difícil estar

---

[23] O caminho do coração", de Henri Nouwen

envolvido sem ser enredado pelo mundo e corrompido por ele.

O silêncio guarda o fogo interior. Esse calor é a vida do Espírito Santo dentro de nós. Assim, o silêncio é a disciplina pela qual o fogo interior de Deus é cuidado e mantido vivo.

O silêncio nos ensina a falar. Uma palavra com poder é a que vem do silêncio, aquela que frutifica é a que emerge do silêncio e a ele retorna."

A palavra Maranata repetida em nossa mente *"de forma discreta e persistente, de um modo tal que ela se torna como uma cerca à volta de um jardim no qual o pastoreio de Deus pode ser pressentido. Essa, que a princípio pode parecer nada mais do que uma interessante metáfora, consegue descer devagar da mente ao coração. Ali, pode oferecer o contexto em que uma transformação interior, pelo Pai que transcende todas as palavras e conceitos humanos, é capaz de se realizar."* Dessa forma, a palavra Maranata leva *"às pradarias silenciosas onde podemos habitar em sua amorosa presença. Essa pregação meditativa é um meio de praticar o ministério do silêncio."*

"Os Padres do Deserto não pensavam na solidão como o fato de estar a sós, mas de estar com Deus. Não pensavam no silêncio como sinônimo de não falar, mas de escutá-lo, os dois são o contexto em que a oração é praticada.'

"Orar é descer, com a mente, até o coração, e ali se colocar diante da face onipresente e onisciente do Senhor dentro de si. A oração silenciosa se sustenta na presença de Deus com a mente no coração, isto é: naquele ponto do nosso ser onde não há divisões nem distinções e onde somos uma unidade. Ali, o Espírito de Deus habita e o grande encontro se dá. Ali coração fala ao

coração, porque estamos diante da face onisciente do Senhor, dentro de nós."

Mente quieta - espinha ereta - coração tranquilo

A pessoa realiza a meditação cristã em silêncio, de olhos fechados, sentada com a coluna ereta, corpo relaxado mas alerta, mente calma, coração tranquilo, repetindo em ritmo lento, na mente, uma palavra ou uma frase cristã como, por exemplo, a palavra em aramaico 'Maranatha' que significa 'Vem, Senhor'.

A respiração deve ser calma. Não pensar nem imaginar nada. Se pensamentos e imagens afluírem à mente, devem ser tratados como distrações e humildemente retornar à repetição da palavra.

A Meditação Cristã é também chamada Oração Silenciosa, Oração Contemplativa ou Oração do Coração.

Sempre alerta

Quando estamos acordados estamos nos ocupando das atividades do presente, e, como efeito colateral, também se preocupando com o futuro ou pensando sobre o passado.

Quando estamos dormindo estamos descansando, recarregando as baterias, recuperando-nos.

Quanto estamos meditando estamos cuidando de nossa saúde espiritual , aberto ao nosso divino e oculto amigo, o Espírito Santo..

Cada um de nós é uma criação exclusiva de Deus. Somos todos diferentes. Algumas pessoas tem facilidade para cair no sono, outras não. Algumas pessoas tem facilidade para começar a meditar, outras não. Existem técnicas que podem ajudar a dormir ou a meditar.

Técnicas de relaxamento , tal como a técnica de ir relaxando cada parte de seu corpo, da cabeça aos pés, ajudam a cair no sono e estas mesmas técnicas também ajudam a se preparar para meditar. Para dormir precisamos estar relaxados. Para meditar precisamos estar relaxados e concentrados.

Depois de relaxar, para cair no sono , feche os olhos, sinta que está sozinho num quarto escuro, e não pense, não pense, não pense...

Depois de relaxar, se quiser meditar, comece a orar ao divino e oculto amigo que está dentro do seu coração, e peça a Ele a graça de ficar quieto, de ficar entregue aos cuidados dEle e aberto ao amor dEle.

Depois de relaxar o corpo, acalme a sua mente e tranquilize o seu coração, usando seus sentidos para lhe trazer de volta ao agora, ao presente, deixando de pensar no passado e deixando de se preocupar com o futuro.

Concentre-se, mantenha-se alerta, em vigília, com atenção plena, repetindo mentalmente o seu mantra: Maranatha.

Anthony de Mello escreveu um livro intitulado Awareness.

A palavra inglesa Awareness deriva de aware, que significa ter conhecimento ou percepção de algo. Pode ser traduzida por estar consciente, estar atento, estar vigilante, estar percebendo tudo que está acontecendo em sua volta.

Penso que Awareness é uma portinha que a pessoa abre por dentro. É importante estar consciente, despertar o Ego em relação às ilusões sobre o Eu.

A consciência é entender que aquilo que você chama de Eu é nada mais que o conjunto de suas experiências passadas, seu condicionamente, sua programação. O Eu não é seus pensamentos, seu corpo, seu nome, sua carreira, suas crenças, sua religião. O Eu não é seus rótulos. Os rótulos pertencem ao Ego.

O que muda constantemente é o Ego. O Eu não muda sempre. O Eu é o observador.

A auto-observação é observar tudo em você e ao seu redor, o mais distante possível, como se fosse outra pessoa. Encare as coisas como se você não tivesse ligação alguma com elas. Seja um observador passivo, não interfira, assista, observe, não tente mudar nada, não julgue, não tome atitude. Acabe com a historia de bem e mal, acabe com todos os julgamentos, simplesmente observe.

Ter consciência da realidade é observar, ver as coisas, descartar as ilusões, fantasias, e começar a ter contato com os fatos.

Ao entender o que é o Eu, então nada te magoará pois ninguém consegue atingir o seu Eu, apenas podem atingir o seu Ego.

Quando a ansiedade chegar, não lute contra ela, apenas observe e deixe-a passar.

Para você se desconectar de seu Ego, observe tudo como se estivesse acontecendo com outra pessoa: sem comentários, sem julgamento, sem interferência, sem tentar mudar, apenas entender.

Mantenha-se consciente, procure ser participante E observador.

Consciência não é concentração. Concentração é foco. Consciência é estar aberto a qualquer coisa que entre no seu campo de ação.

O seu Eu essencial não é sua profissão, sua roupa, seu nome. O Ego é que são todos seus rotulos.

Tenha consciência da realidade ao seu redor. Consciência significa observar; observar o que está acontecendo dentro de você e ao seu redor. Olhe, observe, passe horas observando as pessoas, as arvores, os pássaros, as pedras, a grama. Veja a realidade que está além de palavras e conceitos. Desista de seus conceitos, desista de suas opiniões, desista de seus preconceitos, desista de seus julgamentos.

Quando você acende a luz da consciência, a escuridão se vai.

Segundo um ditado oriental: *"Se o olho está desobstruído, o resultado é a visão; se o ouvido está desobstruído, o resultado é a audição; se o nariz está desobstruído, o resultado é o olfato; se a boca está desobstruída, o resultado é o paladar; se a mente está desobstruída, o resultado é a sabedoria."*

Oração de preparação para a meditação cristã

Frei Angelino nos ensinou a orar ao Espírito Santo antes de começar a sessão de meditação cristã:

Em nome do Pai, do Filho e do Espírito Santo. Ó Divino e oculto amigo. Sinto que falho muitas vezes na oração e na vida, mas me alegro em saber que bem dentro de mim, tu ora sem cessar ao Pai. Dá-me a graça nesta hora, de ficar quieto, entregue aos seus cuidados, aberto ao teu amor, e assim deixar-me levar por seus caminhos. Relaxa meu corpo, acalma minha mente, tranquiliza meu coração, para que possas trabalhar neles do modo que desejas. Amém.

O Agora, o Presente

Os nossos sentidos captam os estímulos vindos do mundo exterior e do mundo interior.

No dia a dia nossos sentidos estão mais voltados para o mundo exterior.

Quando sentamos para meditar, para orar, para contemplar, é interessante realizar um exercício de direcionar os sentidos para o mundo interior.

"Mas você, quando orar, vá para seu quarto, feche a porta e ore a seu Pai, que está em secreto..." [24]

---

[24] Mateus 6,6

O Agora, o Presente, é o que experimentamos com os sentidos num estado de alerta, de vigília.

Como direcionar os sentidos para o mundo interior?

Fazendo contato sensorial com eventos interiores: o que sinto dentro de mim, as tensões musculares, os movimentos, as sensações corporais.

Visão: Fechar as pálpebras para não ver o mundo exterior e , concentrar os olhos num ponto interno.

Audição: Desviar a atenção dos ouvidos de sons externos para os sons internos como, por exemplo, o "som" do mantra repetido mentalmente: Ma-ra-na-tha, Ma-ra-na-tha...

Tato: Cessar os movimentos e atentar para as sensações corporais: coceiras, pressão da cadeira no corpo.

Olfato: Prolongar os atos de inspirar e expirar.

Paladar: Atentar para as sensações no céu da boca. Atentar para o sabor que sentimos na boca.

Experimente. Use seus sentidos para sentir o agora, sentir o tempo presente: ouça os sons ao seu redor e os sons interiores. Preste atenção nas sensações corporais. Observe sua respiração, sinta o fluxo de ar. Apenas observe, não deixe entrar outros pensamentos.

Repetição da palavra cristã

Laurence Freeman diz: "O Abade Isaac ensina que a repetição da palavra (mantra, ou frase sagrada) leva à pobreza do espírito, a primeira das bem-aventuranças, a base de toda a felicidade. Leva-nos à pobreza porque abandonamos toda a riqueza de imaginação e pensamentos." ..."Evidentemente , o mantra, constitui disciplina, não é fim em si mesmo. É caminho para a pobreza de espírito; não é o próprio Reino." [25]

Acreditamos que na meditação cristã, como oração contemplativa, buscamos a "pérola de grande valor", nos desfazendo de todos os pensamentos, para deixar o Espírito Santo agir em nós. "O Reino do Céu é também como um

---

[25] Os olhos do coração, Laurence Freeman, pág. 55 e 58

comprador que procura pérolas preciosas. Quando encontra uma pérola de grande valor, ele vai, vende todos os seus bens, e compra essa pérola." [26]

---

[26] Mateus 13,45-46

Respiração

Respire sincronamente com as silabas do mantra Ma-ra-na-ta que você repete silenciosamente em sua mente, não em voz alta.

Inspire com a sílaba Ma.

Expire com a sílaba ra.

Inspire com a sílaba na.

Expire com a sílaba ta.

O ritmo ideal de respiração para relaxar é de cerca de 4 segundos por sílaba.

Esvaziar-se de si

Aqui estão alguns pontos sobre o que já li a respeito de "pobreza em espírito" e como praticá-la através da meditação cristã , uma formula simples mas nada fácil.

Cristo ensinou que são "Felizes os pobres em espírito, porque deles é o Reino do Céu."[27]

Laurence Freeman explica: "...aquilo que Jesus chamou de pobreza de espírito... é exatamente o que desenvolvemos com a prática da meditação. Não significa que eu não tenha alguma coisa ou que eu não aprecie alguma coisa. Significa apreciar com liberdade aquilo que se tem, sem medo de perdê-lo e,

---

[27] Mateus 5,3

portanto, sem tendência à violência. É um estado muito difícil de desenvolver, estar desapegado das pessoas que amamos, permitir-lhes que sejam elas mesmas. No entanto, de acordo com Jesus, essa é a primeira condição para a felicidade humana". [28]

Sobre a historia da Bíblia onde o rico pergunta a Jesus o que precisa fazer para alcançar o Reino de Deus [29] , entendi dos ensinamentos de Laurence Freeman que o rico deveria esvaziar-se no espírito para permitir a ação do Espírito Santo, que é a forma de ser tocado por Deus. A meditação é isso, ficar concentrado na repetição do mantra (Maranatha, ou outro) , deixar passar todos os pensamentos , isto é, deixando o espírito pobre de pensamentos, permitindo o Espírito

---

[28] Os olhos do coração, de Laurence Freeman, pag. 139:

[29] Mateus 19,16-26; Marcos 10,17-27; Lucas 18,18-27

Santo preencher o seu templo que é o corpo humano. [30]

A pessoa 'cheia de si' não tem espaço em seu coração para hospedar o Espírito Santo.

Então, na meditação cristã, a pessoa se esvazia de seu Ego para abrir espaço para estar na presença do divino.

A pessoa, em vigília, presente em seu verdadeiro Eu se expõe à luz da presença do Divino Espírito.

Presença com presença.

---

[30] 1Corintios 6,19

Frutos da meditação cristã

Sobre os frutos da meditação cristã, Laurence Freeman explica, durante os retiros que promove, que não acontecem durante a sessão de meditação.

Caso você sinta qualquer experiência visual ou sensitiva durante a meditação, deve deixar passar e não se preocupar com ela.

Os frutos da meditação virão ao longo do tempo e serão percebidos pelas pessoas com quem você tem relacionamento.

Além de você colocar em harmonia as dimensões de seu ser, você consegue os frutos do Espírito Santo: amor, alegria, paz, paciência, benignidade, bondade, fidelidade, mansidão e autodomínio. [31]

A Escola da Comunidade Mundial para a Meditação Cristã ensina que a meditação cristã se trata *"de nos transformarmos na pessoa que Deus precisa que sejamos, por meio da integração da sabedoria de nosso eu mais profundo com as capacidades de nosso ego. Silenciando os pensamentos diários de nosso eu superficial, e focalizando nossa atenção em Deus, abrimo-nos à obra que o amor de Deus realiza no centro de nosso ser. Nossa palavra/oração, 'Maranatha', torna-se então um poderoso chamado de amor. Os efeitos disso, a resposta a isso, são uma experiência totalmente transformadora de vida: tornamo-nos conscientes da dimensão espiritual, e essa experiência, por sua vez, acrescenta uma dimensão contemplativa a nosso jeito de ser e*

---

[31] Gálatas 5,22

de viver. Encontramos a melhor forma de descrever os efeitos disso, e as qualidades que isso produz em nós, nas palavras de São Paulo em Gálatas 5,22: amor, alegria, paz, paciência, gentileza, bondade, fidelidade, suavidade e autocontrole. Estas não são qualidades que podemos obter com nossos próprios esforços em nossa vida cotidiana, mas são os sinais do que Deus já conseguiu em nós." [32]

---

[32] https://www.wccm.org.br/escola-de-meditacao-wccm/76-escola/cartas/ano-1/943-carta-20

Sessões de meditação

A recomendação é praticar a meditação cristã diáriamente por 20 minutos pela manhã e por 20 minutos ao final da tarde.

Sessões semanais com outros meditantes também são recomendadas.

Um roteiro para a sessão semanal de meditação cristã pode ser:

19:00h Leitura sobre Meditação Cristã, com texto de John Main, Laurence Freeman, ou outro autor cristão, para reforçar os seguintes pontos caracteristicos da Meditação Cristã: A Meditação Cristã se passa no coração e não na mente. Na Meditação Cristã buscamos desprezar o burburinho da mente, mas não com um baita esforço e sim com um deixar vir e ir. Na Meditação Cristã é necessário atenção, isto é, um estado de vigília e não de sono. Na Meditação Cristã usamos uma palavra cristã como mantra, mas Não usamos imagens ou outros recursos.

19:20h Oração de preparação para a Meditação Cristã, escrita pelo Frei Angelino Feitosa: Em nome do Pai, do Filho e do Espírito Santo. Ó Divino e oculto amigo. Sinto que falho muitas vezes na oração e na vida, mas me alegro em saber que bem dentro de mim , tu ora sem cessar ao Pai. Dá-me a graça nesta hora, de ficar quieto, entregue aos seus cuidados, aberto ao teu amor, e assim deixar-me levar por seus caminhos. Relaxa meu corpo, acalma minha mente, tranquiliza meu coração, para que possas trabalhar neles do modo que desejas.Amém.

19:21h Sentar-se com a coluna ereta, corpo relaxado, coração tranquilo, e mente atenta à uma palavra cristã. O mantra sugerido é Mara-na-tha, palavra hebraica que significa Vem Senhor.

*30 seg de silêncio, toca o sino.

*20 minutos de silêncio onde você deixa seu coração exposto ao Divino Espírito Santo, e sua mente repete o mantra até tocar o sino.

19:40h Leitura do Evangelho do próximo domingo.

19:45h Comentários sobre o Evangelho.

20:00h Orações finais: Pai Nosso, Ave Maria, Glória.

Banho de sol no corpo e na alma

São muitas as atividades que uma pessoa precisa desempenhar em seu dia-a-dia.

É importante cuidar da saúde física com alimentação saudável, atividade física, descansar, dormir, check-up anual.

É importante cuidar da saúde emocional, sentir-se útil com o trabalho, remunerado ou não, pensamento positivo, manejo do estressem, auto-imagem.

É importante cuidar da saúde financeira com acompanhamento semanal.

É importante cuidar da saúde social com relações saudáveis, ouvir e ser ouvido, dar e receber.

É importante cuidar da saúde mental com estudos, pesquisas, leituras, escritas, jogos e exercícios mentais.

É importante cuidar da saúde espiritual com orações regulares, vocais e silenciosas, leituras e estudos bíblicos, participação da missa semanal para se alimentar da palavra e do pão que desceu do céu, conexão com a natureza, prática do silêncio, contemplação.

"São muitos os convidados. São muitos os convidados. Quase ninguém tem tempo. Quase ninguém tem tempo."

Assim diz a música, representando muito bem o meu dia a dia no trato de minha saúde material e espiritual, pois até hoje não tenho aproveitado a farta disponibilidade de sol, alimento do corpo, e nem tenho buscado diariamente o silêncio, alimento da alma.

Hoje, tomei a decisão de promover um impacto positivo na minha saúde: comecei a aproveitar alguns minutos no inicio da manhã e alguns minutos no fim da tarde para tomar, ao mesmo tempo, um banho de sol no corpo e na alma.

O sol , concordam os médicos, é alimento basico ao corpo e ajuda a fixar a vitamina D.

O silêncio, concordam os misticos, é ambiente fundamental para deixar o Espirito Santo trabalhar em nossa alma.

Coloquei um aplicativo no meu celular para iniciar, com três toques de sino, o período de alguns minutos de silencio, e para terminar com três toques de sino.

Sento-me confortavelmente ao sol e peço ao Espirito Santo que relaxe meu corpo, acalme minha mente e tranquilize meu coração.

Dou inicio aos minutos de silencio , fecho os olhos, permaneço alerta, em vigilia, sentindo o momento presente através das sensações que sinto com meus sentidos, tato e audição, e mentalmente repito o mantra cristão: Maranatha, frase aramaica que significa 'Vem Senhor'.

Durante este banho de sol no corpo e na alma, procuro manter 'a mente quieta, a espinha ereta e o coração tranquilo.'

Como manter a meditação dentro do contexto cristão.

A Congregação para a Doutrina da Fé publicou uma Carta sobre a Meditação Cristã datada de 15/10/1989 [33] onde mostra as diferenças existentes entre a meditação cristã e a meditação hinduísta.

A fé cristã crê que a oração é um dom de Deus. O cristão, mesmo quando está na solidão, ora em união com o Divino Espírito que une o Divino Filho ao Divino Pai.

A fé cristã é monoteísta, a filosofia hinduísta é panteísta. A profunda e íntima união da

---

[33] https://www.vatican.va/roman_curia/congregations/cfaith/documents/rc_con_cfaith_doc_19891015_meditazione-cristiana_po.html

pessoa com Deus não elimina a separação entre o Criador e a criatura.

Na meditação cristã se aspira tudo que se aspira em outros tipos de meditação, sem que o eu individual de criatura desapareçam no oceano de Deus.

Na meditação cristã ao receber o Espírito Santo, isto é, o amor que une o Divino Pai e o Divino Filho, a pessoa meditante clama "Vem Senhor" e assim, "O próprio Espírito Santo se une ao nosso espírito para testemunhar que somos filhos de Deus". [34]

Sim, devemos 'esvaziar' o espírito mas "de modo que permaneça no orante um vazio que pode ser então 'cheio' pela riqueza divina. O vazio de que Deus precisa é o da renúncia ao

---

[34] Romanos 8,16

próprio egoísmo, não necessariamente o da renúncia às coisas criadas que Ele nos deu e no meio das quais nos colocou. Não há dúvida que na oração nos devemos concentrar inteiramente em Deus e afastar o mais possível aquelas coisas deste mundo que nos prendem ao nosso egoísmo. Santo Agostinho é um mestre insigne sobre este ponto: se queres encontrar a Deus — diz —, abandona o mundo exterior e entra em ti mesmo. Todavia — prossegue —, não fiques em ti mesmo, mas vai mais além, porque tu não és Deus."

O seu eu não é Deus, mas só uma criatura. Deus é 'interior intimo meo, et superior summo meo'.[35] Deus está em nós e conosco, mas transcende-nos.

Diz a carta: *"O cristão precisa certamente de determinados tempos de retiro na solidão,*

---

[35] Santo Agostinho, Confessiones, 3, 6, 11

para se recolher e reencontrar o seu caminho junto de Deus. Mas, dado o seu carácter de criatura, e de criatura que sabe que toda a sua segurança está na graça, o seu modo de aproximar-se de Deus não se funda numa técnica, no sentido estrito da palavra. Tal facto contradiria o espírito de infância exigido pelo Evangelho. A mística cristã autêntica não tem nada a ver com a técnica: é sempre um dom de Deus, do qual se sente indigno quem dele beneficia."

A carta conclui:

"O amor de Deus, único objecto da contemplação cristã, é uma realidade da qual não nos podemos « apoderar » por meio de qualquer método ou técnica; pelo contrário, devemos ter sempre o olhar fixo em Jesus Cristo, no Qual o amor divino sobre a cruz chegou por nós a tal ponto que Ele assumiu sobre si mesmo também a condição de afastamento do Pai (cfr. Mc. 15, 34). Devemos,

portanto, deixar decidir a Deus o modo segundo o qual Ele quer tornar-nos participantes do seu amor. Mas não poderemos jamais, de nenhuma maneira, tentar pôr-nos no mesmo nível do objecto contemplado, que é o amor livre de Deus. E isto nem sequer quando, pela misericórdia de Deus Pai, mediante o Espírito Santo enviado aos nossos corações, nos é dado em Cristo, gratuitamente, um reflexo sensível deste amor divino, e nos sentimos como atraídos pela verdade e pela beleza do Senhor. Quanto mais é dado a uma criatura aproximar-se de Deus, tanto mais cresce nela o respeito reverencial pelo Deus três vezes Santo. Compreende-se então a palavra de Santo Agostinho: « Tu podes chamar-me amigo, eu reconheço-me servo » [36].

---

[36] Santo Agostinho, *Enarrationes in Psalmos* CXLII, 6

A ciência e a meditação

O livro 'A Ciência da Meditação' dos autores Daniel Goleman e Richard Davidson não é um livro sobre meditação mas sobre trabalhos de pesquisa científica que estudaram as alterações permanentes nos cérebros dos praticantes constantes de meditação e ioga.

As pesquisas buscaram desmistificar ou comprovar como a prática regular da meditação pode mudar de forma permanente e positiva a maneira de pensar e sentir.

Descrevendo seus extensos trabalhos de pesquisa os autores , que são cientistas e meditantes, mostram como procuraram identificar o efeito da meditação no estresse, nos genes, na atenção, usando testes e exames de ressonância magnética e tomografia.

É um aval científico para uma prática mística.

Sobre o autor

 Décio Martins de Medeiros, publicou livros de poesias, teologia, religião, gestão, vendas, genealogia, memórias, entretenimento, e outros temas.

Participa do blog Prazer Compartilhar e do Clube de Autores.

Conheça seus livros em: https://sites.google.com/view/autordeciomartins demedeiros/